Como la muerte de una vela

MUSEO SALVAJE
Colección de poesía
Homenaje a Olga Orozco

Homage to Olga Orozco
Poetry Collection
WILD MUSEUM

Hector Geager

**COMO LA MUERTE
DE UNA VELA**

Nueva York Poetry Press LLC
128 Madison Avenue, Oficina 2RN
New York, NY 10016, USA
Teléfono: +1(929)354-7778
nuevayork.poetrypress@gmail.com
www.nuevayorkpoetrypress.com

Como la Muerte de una vela
© 2023 Hector Geager

ISBN-13: 978-1-958001-75-2

© *Wild Museum* Collection vol. 52
(Homage to Olga Orozco)
Colección *Museo Salvaje* vol. 52
(Homenaje a Olga Orozco)

© Publisher & Director:
Marisa Russo

© Editor:
Francisco Trejo

© Blurb:
Dra. Pilar Muñoz Deleito

© Cover Designer:
William Velásquez Vásquez

© Typesster
Moctezuma Rodríguez

© Cover Photograph:
Adobe Stock License

© Author Photograph:
Author's personal archive

Geager, Hector
Como la muerte de una vela / Hector Geager. 1ª ed. New York: Nueva York Poetry Press, 2023, 102 pp. 5.25" x 8".

1. Dominican Poetry   2. Latinx Poetry   3. North American Poetry.

All rights reserved. No part of this publication may be reproduced, distributed, or transmitted in any form or by any means, including photocopying, recording, or other electronic or mechanical methods, without the prior written permission of the publisher, except in the case of brief quotations emboied in critical reviews and certain other non commercial uses permitted by copyright law. For permissions contact the publisher at : nuevayork.poetrypress@gmail.com.

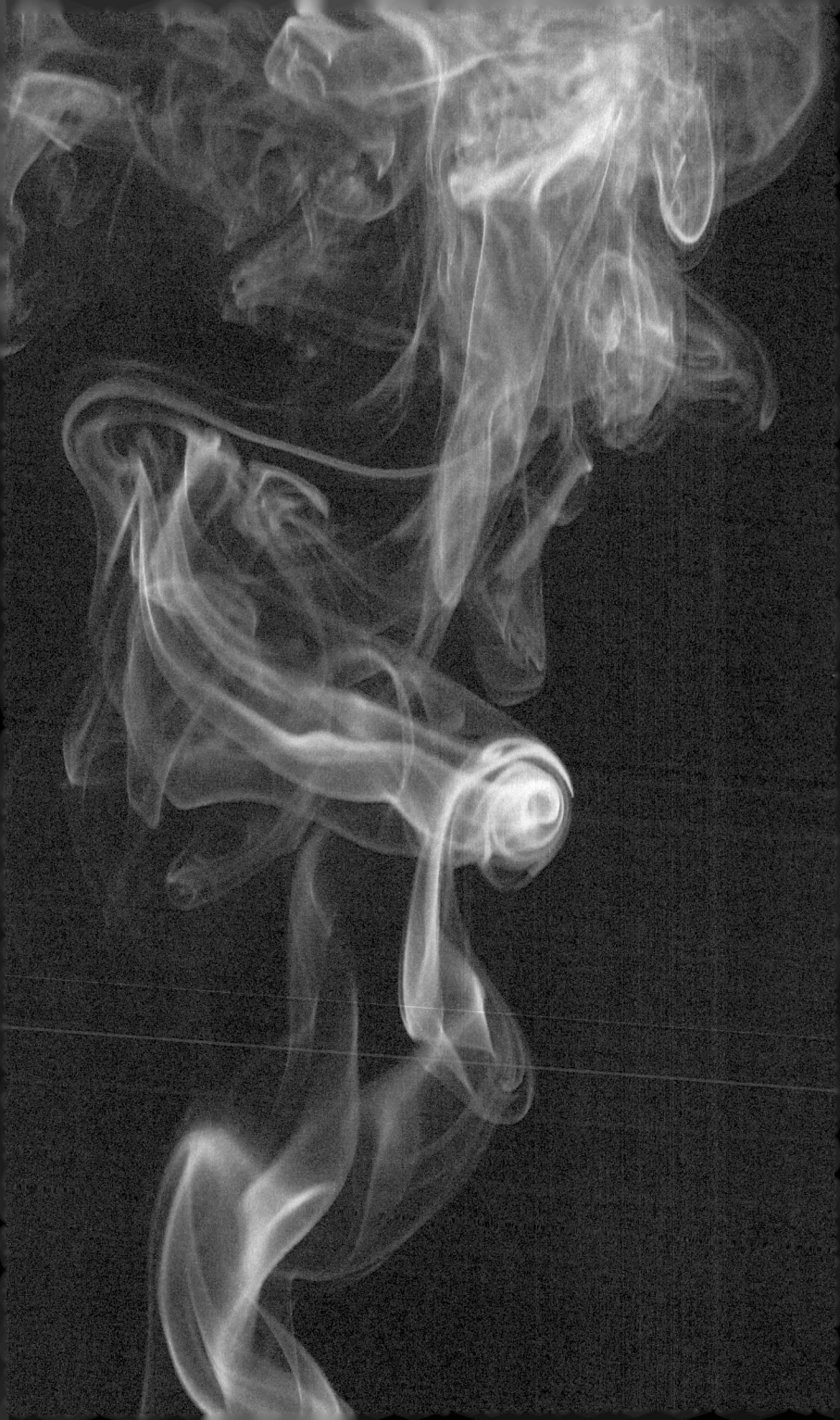

¿CÓMO SE ADORA?

Te adoro con la simpleza existencial de una
	hormiga
que trabaja el querer y lo lleva sobre su espalda,
mientras construye un templo en líquido
	azucarado,
vegetales o ensaladas donde caigan tus
	atardeceres.

Te adoro cuando va sobre las mareas tu
	confusión,
cadena de desenfoque, gaseosa, en busca de
	respiración rítmica,
arena de calma para fortalecer el sistema
	inmunológico
contra las termitas que se comen tú madera
	emocional.

Te adoro en la equivocación, el desbalance y
	desbarajuste,
irradiante isotópico hidrogenado.

¿Ya sabes cómo se te adora?

Aunque no me lo preguntes, te digo:
con disciplina hectoral.

EMBARAZO

A tu semilla se la llevó la lluvia de septiembre
entre dolores de cabeza y caderas;
Henry e Ida aguaron la celebración.

Tumultuosa en la siembra, no puede haber
        cosecha de lejos,
los derechos de autoría pueden pertenecer a otros.

Se puede declarar un incendio, declarar en
        banca rota,
declarar amnesia momentánea, declarar impuestos
y mucho más, menos un estado de embarazo:
sin semillas, la tierra se esteriliza mes con mes,
el clima cambia y empeora, necesita terapia
        urgente.

Perdidos en el espacio…
¿En cuál espacio? ¿En el del COVID 19?

¡Ah! La universalidad de dos metros de distancia,
el vacío comprendido en la separación.

Dos metros, años luz para las existencias
        unicelulares:

"Lo Que el Agua se Llevó", dentro de la semilla.

El isomorfismo de un encuentro.

DESOLACIÓN DE DOS CAMAS

Me pregunté al sentir un sismo:
¿qué le pasa al cuerpo durante un orgasmo?
¿El Punto G puede terminar una oración?
¿O es sólo un punto en el espacio?
¿Por qué no cuestionar su sensación existencial?
Repensar la Mendelsianidad,
con todo a lo que conlleva su estadía intrínseca,
sería de importancia para la desarmonía gestante
en aridez lunar, a intervalos:
¿Y los extraterrestres dónde están?
No hay señales de vida.
Estamos solos, viajando dentro de un planeta,
semillero carnal en la desolación de dos camas,
en el silencio producido después de la
        fecundación.

Para saber la soledad del cuchillo

¿Sabías que…?
Eres un remedio saludable
Ayudas a adelgazar la sed, haces bien a la piel del
 alma,
tu sabor me deja más feliz y tu olor fortalece mi
 memoria.

¿Sabías que…?
Dos bananos me dan energía para el
 entrenamiento intenso
de quererte cuando noventa minutos en
 desesperación
eternizan los ojos y oídos.

¿Sabías que…?
El dolor de la sandía causado por el cuchillo
y su calor penetrante de verano se cura con jugo
 de dos estrellas
y que una tajada de luna seca también cura la vista
 y mejora la palabra.

¿Sabías que…?
Para el cuchillo, la soledad es muy llevadera:
se ve cuando entra y sale siempre solo, se siente el
 desgarro en busca de la muerte,

parece ermitaño sin ermitas; a la intemperie, en su
    anacronismo filoso,
parte la carne y tendones, serrucha huesos y la
    sandía cae partida en dos o tres.

¿Sabías que…?
Un zumo de tus caricias, con zanahorias
y piña, acompañado de un té de besos y jengibre
puede curar el resfrío de tu lejanía.

Soy cuchillo, pero me aterroriza la sangre.

EFECTO DE LOS OJOS EN PRIMAVERA

Anestesia de vacío, se tragan noches,
abren inmensos espacios hilvanados por arcoíris,
mientras susurran:
"podemos alterar el balance radiactivo de la
      atmósfera".

Podemos ahora ser altamente visibles a su luz
y menos a la infrarroja de otros tiempos.

Han cambiado la concentración química
con sus miradas de dióxido de carbono,
al quemar en su combustible fósil;
como el petróleo de las pupilas, los destellos del
      carbón
y el gas natural que encienden pasiones solares y
      hacen cenizas.

Recalientan el clima, todos los instrumentos
      miden
el aumento de la temperatura en mi superficie
      global.

Hacen sufrir de amplificación polar;
rápidamente calientan, derriten, y recalientan,
absorbiendo toda radiación del sol.

Se atrapan y se sienten como punzadas en la tierra
y agua salada en todo el cuerpo.

COMO LA MUERTE DE UNA VELA

Quiero gastarme girando en mí,
así como se muere, amorosa, una vela
por una mecha, sobre una pirámide de eucalipto
y olor a romeros,
sin el remordimiento y las espinas del agave.

En un hervidero, con mis ojos de pescado frito,
mirando al revés, raramente al derecho,
con cavilaciones crustáceas,
podrán ver las langostas, camarones y ástacos,
y a veces muchos erizos alrededor de mi cabeza.

Algunos entran por los oídos y salen por la nariz,
los erizos tosen, me revuelco en su flema,
abro el mar y salgo de mí.

El entrenamiento de no ser común con este
      ejercicio,
muy simple desgasta el yo.

UNIVERSO DE LABIOS

Súper simetría en la carnosidad del cristal
        chispeante,
aderezada musicalidad rueda en el viento.

Súper gravedad roja atrae besos mariposas
y los atrapas en su órbita.

Súper cuerdas buscando la unidad física de su
        universo,
en un sueño mojado.

Miden las distancias, al partirse en sus
        componentes,
o al posarse para tomar el polen y sembrarlo por
        otras galaxias.

Cuerdas espumosas que atan palabras y sonrisas
forman collares y navegan
policromos jardines de oídos en constelaciones
        nucleares.

Saturación, destella un tesoro de placer
a punto de causar un desastre biológico,
el colapso de toda una especie entre dientes y
        suspiros.

Como impacto de asteroides, los besos
    conforman la superficie, el relieve,
transforman la geografía de la boca
en un proceso de destrucción y recuperación
    propia.

Solamente labios mágicos originan la vida en el
    calendario astronómico
de una vida antimateria:
"tú y yo, le dijo el de abajo al de arriba".

La Diosa de Yaritagua[1]

Electromagnetizado por el zumbido de las abejas,
empezó a sisear como lagartija cazadora de
    mosquitos,
aterrorizado de ideas viejas establecidas en las
    muletas colectivas
Con el ardor de su soledad y su energía oscura
decidió levantar un templo tipo fondo de
    microondas
y salió a buscarse su diosa entre ondas
    gravitacionales.
Arropada en materia oscura, la encontró, la plantó
y creció como neutrinos.
Pensó al verla titilar, vestida de su santuario:
"¡Qué cosa más asombrosa en el universo!"

---

[1] Yaritagua es un pueblo en la provincia de Yaracuy, en Venezuela.

INSOMNIO

La cama ya queda grande,
empequeñece al silencio;
en tanto, la indiferencia aprieta
con sus manos en círculo:
corriendo hacia la cara, abre la puerta,
desviste las horas con la mirada
y respira un aire de colchón quemado.

Eso tiene remedio.

TIEMPO COMO ACTOR DE CINE

En la primavera,
el tiempo es sábana de pinceles:
bien plisado y limpiecito.

Es de nueces y aguacates,
toallas frescas,
estación de trenes,
es instante de ropa, de cama
airada.

Y todas las cosas
brillantes dan confort en su mar verde
se mueven en un espejo, actúan sus nacimientos.

Es un tiempo paracaidista:
se peina el pelo para atrás,
pierde ideas a ríos,
impresiona a un primer encuentro,
es actor de cine.

Desnudo se acuesta.

CORREDORES DE ESTRELLAS

¿Qué nos sostiene?
Somos figuras suspendidas
en la permeabilidad del espacio.

Fundimos nuestras moléculas en los elementos.

Nos pegamos y nos despegamos
somos *black holes*: descompuesta gravedad,
entre la lengua,
sabor a carne,
corredores de estrellas y
azota en azul la luz.

Espacio lleno de uvas y miradas.

En el vacío de un jarro
se echa al abandono
con camomilas y rojos.

Se cocina la Tierra,
a fuego lento,
en baño de María.

HISTORIA DE LAS COSAS

Las cosas tienen una manera
de alejarse de uno,
de forma literal:
los zapatos
siempre delante,
la cartera
en el bolsillo de atrás.

Entonces los tornados
se pierden en la mente.

Nos abrazan, limpian el clóset
y nos dejan restituidos,
en tamaño de supernova colapsada
para pescar los alborotos
de un día con lluvia.

I wonder…
Si al calvo se le caen los pelos,
¿por qué no los recoge?
Si se pierde la mente,
¿por qué no se busca?
Si los dientes de leche se mudan,
¿a qué dirección?

Las cosas tienen una manera de alejarse de uno,
como te alejaste tú,
agua entre la red.

Santo organizacional,
encontraste mi sanidad
en una gaveta,
en un proceso.

DECLARACIÓN DE LIBERTAD

Reunidas en este Congreso,
nos constituimos en palabras
libres e independientes, soberanas.

Declaramos la libertad: cualquier palabra tiene el
    derecho inalienable
de expresar lo que quiere el poeta.

Las oraciones pueden practicar la religión que se
    les ocurra,
no necesitan sujetarse al sujeto
o predicar al predicado,
verborrear con los verbos
caminar, comer, huir;
los adjetivos pueden adjetivarse,
el azul amarillo de rojo se ennegrece de verdes.

Los adverbios adverbiarse,
así mismo,
con franqueza me siento en la simpleza del
    apasionamiento.

Los signos ortográficos se eliminen,
para así seguir de largo, sin parar,
en ninguna parte de cualquiera que sea la oración

y fallecer por no detenernos a respirar,
y continuar sin paradero.

¡Una oración tan larga merece su salvación
    espiritual!
Dios la bendiga y la deje criar,
o que la saque de pena, la lleve a descansar
y la acueste en su Santo Seno.

No sabía que Dios tenía senos.
¡Es mujer!
Es una oración,
aunque sus componentes sean masculinos:
verbos,
predicados,
adjetivos,
adverbios,
artículos,
parece ser, o estar.

Las oraciones son inventos de hombres,
por eso nos metemos
en problemas comunicacionales.

Este verso se cansó, punto.

Dejemos las oraciones
a su libre albedrío.

La gris jodienda

Lechero ordeña el universo,
un vestido rosado roza el codo derecho desde su
        izquierda,
le da sed al pantalón,
se bebe una semana
y se parte en estrellas estrechas,
qué jodienda más gris.

Contador público autorizado,
cuenta cuentos y cuenta cometas a quemarropa,
el pantalón se rasca en su hombro y se ríe,
bota anillos astronómicos de color chino.

Todavía se hunde en la humanidad de santos
políticamente santificados,
qué jodienda más gris
con su sabor a piedra y planeta.

Si cambia, se ahorra 40 por ciento
de descuento de vida, Mobile.

Vas a emigrar a tus labios,
a tirarle una curva a tu boca,
alquiler,
comida,

recibos,
empeña,
los anillos de Saturno.

Pero no son de él.

Están suspendidos en un aire aguado.

Qué jodienda más gris
es ser feliz.

Banco solitario

Siempre fresco, algunas veces normal,
en mercado de desvíos.
Exactamente...
Yo
sé cómo
se siente
a tijeras de sastres y barberos.

¿Cómo está todo?
¿Quieres hablar, banco de parque?
Eres un *daily* programa de telerrealidad
completamente estéril.

Empacas y desempacas tu vida
y eres feliz,
aunque apenas te has movido.
Conejo eres
en tu simpleza de madera y hierro.

Mirad cómo le salen
bigotes y barbas a la noche.

Te asombras y te asolas
de las patas flacas del día.

No sabes siquiera acojonarte.

Pero eres tan feliz
como obra de arte.

Tartamudo, cojo y tuerto,
sordo marinero,
navegador pensante.

Parece una mañana de domingo inspiradora,
banco de parque.

Un hoyo en el río, una anciana

Una anciana detrás
del mostrador de un pueblo,
pequeña mente,
un rayo,
un trueno,
un último beso,
un primer suspiro
tragado entero.

La anciana indiferente,
metida en el espejo retrovisor.

Cualquiera se cae
boca arriba,
boca abajo,
evoluciona
hacia el mundo de nuestro universo privado,
cabeza de piña.

Hay un hoyo en el río.

La anciana se acerca y lo mira.
De pies a cabeza ve su reflejo:

las cuatro estaciones en un día.

Un clima único en su vida
de elefante.

Lo piadoso de un camino a ningún lugar.

La infantilidad del mosquito le ojea la muerte.

Confortable anestesia,
sola respira la anciana en un árbol, todo o nada.

Nada.

Un plan divino, viejísimo, que se fue al infierno.

SUPERHÉROES

Siempre he querido una pared de galería para exhibir las hebras de mi pelo,
los bigotes de Pancho Villa y Emiliano Zapata,
con sus capas rojas y negras.

Escogieron días de superhéroes.

Exhibir los sueños de Simón Bolívar y las fotos
de las aspiraciones de San Martín,
saliéndose de sus momentos
acaballados en ilusiones y desilusiones.

Escogieron días de superhéroes.

Pero se los tragaron las manecillas del reloj,
sin masticarlos,
se historiaron,
porque se alargaron tanto
que abrazaron hasta el universo con lágrimas.

Mal día escogieron.
Con suerte grela
quedaron sin siquiera Yerba
y los mordió el dolor
de saber sin saberse
y se gastaron,

los engrupieron los traidores
y giraron y giraron
con rumbos al desengaño.
Quebrados,
los perros ladrándoles
a sus ideales.

Matamos a nuestros héroes,
después los honramos
con estatuas para que hasta las palomas se caguen
    en ellas.
Creo que alguien dijo:
los tutumpotes también
son despatriados,
creen en el santísimo dólar.

Nos liberaron de España.
España nunca se liberó
de nosotros,
siempre soplando el fogón,
atizando las mentiras,
la historia fracturada, reemplazada por el Tío Sam.

Los ricos se fugan a Miami, su patria es el dinero.

Se funden con el olvido nuestros superhéroes, ya
    despertarán mañana.

Meditación conceptual

Estoy sentado
en mi aburrimiento:
programa virtual.

Una paloma picotea su mutismo,
unas nalgas mueven el aire:
de un lado del mundo a otro provocan un
        huracán,
mientras una rueda viaja en el espacio.

Soy un parque.

Estoy parado en medio de un momento granular.

Los dos enamorados
pretenden ser sus ideales,
separados por una mesa
con patas de penes
verde aguacate.

Vuelo en reversa,
soy un murciélago

Mi equipaje.

Aquí estoy, una taza de brócoli,
media taza de arroz,
integralmente yo
en tarde de zapatos blancos,
pasos que me nublan.

Flaco como un pescado,
me disperso
descomponiéndome
en mis elementos fundamentales
de proteína animal.

Aquí estoy,
soy huevos rancheros.

En la garganta del tiempo,
eructo y me voy.

Soy volcán.

SOL ENTERO

Tú...
Mitad de sol,
calidoscopio
azul,
sombra dulce
sentada en tus conversaciones,
lápiz,
lapso,
liebre adelgazante.

Adentro,
muy adentro de lo hondo,
recital de sistema elíptico,
electrizante.

Tú cruza las piernas. Yo crucé cruzadas
calles, ardorosas: crecen como arte.

Aquí está entrando un sol entero.
Juntémonos en una selfie.

EL VIAJE

Sendero de guayo,
palpita amarillo y rojo crepuscular,
como hormigas sale disparado hacia abajo,
cocodrilos errantes
lloran sus destinos límbicos.

Devoro las caras caminantes con la boca de mis
        ojos,
como las sombras que le hablan a las pestañas de
        mis oídos,
sendero de guayo que se mueve
de la plantilla de mis miradas y mi esencia
        favorita.

Un cocodrilo estornuda y se bebe una lágrima de
        despecho:
se enamoró de una cartera, vivió con unos
        zapatos.
Explico: se enamoró del cuero y los zapatos de
        cocodrilos

(Los cocodrilos tienen pechos de coco).

Sendero de guayo rajado por la melodía
de "Propuesta Indecente,"
de un lado a otro, miradas de chulerías,

el cocodrilo mueve la cola y cuela su café claro
    con dos de azúcar.

Se lo bebe sentado en el recodo de un palpitar de
    pestañas.

Me moví al asiento delantero del sendero de
    guayo.
Me guayé.
Me quillé.
Soy un vidrio quillado,
pregono, "atezo bastidores, atezo bastidores".
"áteseme el alma desinflada",
me pide un cocodrilo perdido entre las caras de su
    sendero.

Oigo una voz, "levántate y camina," camino sin
levantarme,
despierto, esta es mi estación.

Llegué.

Mi destino es un cocodrilo masturbado de risas.

Me bajo del tren.

Tiempo para Marilyn

El tiempo se llenó de hoyos,
cuando los amantes se comieron el espacio de
    espaguetis con salsa de tomates.

Se comieron las miradas rajadas
en una cordillera de bocas extraterrestres,
resbaló una burbuja tras otra,
se metieron en los agujeros del tiempo
absorbidos por la fuerza magnética de un
    calambre
en el espacio de las órbitas de su ojo izquierdo.

Todo era una lasaña,
elástica, alargada y contraída.
Los amantes rebosados amargadamente felices,
como parches de sol en la sombra
y la teta izquierda de la vida
se perdía en un horizonte de pescado.

Era una embolia, Marilyn,
mirando de frente,
como el búfalo melancólico
embiste el estómago de la felicidad, caballo
    blanco.

La fuerza gravitacional de un quejido vago en la
 historia
rompió todas las burbujas de esa era confusa y
 difusa,
no seas ilusa,
no te quites la blusa,
que el hoy es merluza.

Marilyn, el tiempo está rodeado de agua por todas
 partes,
los peces comen mierda y plástico también,
el universo tiene límites,
la avaricia de los ricos no,
la pobreza de los pobres tampoco,
los pocos peces se dan la importancia de un
 molusco.

Despertar

Pesadamente el despertar se desliza,
es una línea recta, maneja hacia un vértice
donde nos encontramos de forma angular.

Me muevo, diseñado para ser borrado,
nos extinguimos en cada encuentro,
tú te mueves, dos caminos desbalanceados,
dos hebras de hilo en una textilería,
y me dices:
"Despiértate, que me estás apretando un seno,
      soy tu tiempo"

Discurso para un tren desdibujado

Eres un tren que traga pasajeros
por ambos lados de sus vías
con muchas estaciones, ya transitadas.

Eres un deslizamiento de arena y sentimientos,
tren sin metas, maquillaje y voz en lucha, sobre
        todo.

Inquieta, bailas al tun tun de las calaveras.

Descarrílate, que eres lisa y resbalas como un beso
        francés.

Eres papel en el agua,
un tren desdibujado.

UN UNIVERSO EN UNA SOLA PALABRA

Mirada callejera, enredada en auditoría
    panorámica,
te vi cantar, bailar y deshacerte en las moléculas
    de una sonrisa,
todo dentro de un espejismo de caricaturas.

Arena movediza,
momia arrastra cadenas de galletitas.
¿Aún eres mediodía?

La televisión se come el silencio de la habitación
y llena las paredes y el piso de semen.

Las galletitas se asustan y vuelan por las ventanas.

La última voltea la cabeza y me dice: "¡Jódete!"
Oigo un universo en una sola palabra,
parpadea la mesa y la silla abre la boca:

"¡Jódete!"

DESAYUNO EN SILENCIO

El cuchillo toma de la mano a la mantequilla
y patinan sobre la soledad del pan.

Absorbente nada.

La montaña se estruja los ojos,
bosteza un sábado y respira de blanco.

Con las cáscaras abiertas sobre el plato,
una banana lujuriosa coquetea con el café y la
        leche,
ellos la evaden con ignorancia de ricos.

Nada absorbente.

Café con leche abraza los labios de la taza
en la circunferencia del sonido,
cualquier sonido puede ser, aunque sea comprado.

Nada, absorbente nada.

EL SINO DE LAS COSAS

Tienen una manera propia de alejarse de uno:
    palabra por palabra
los zapatos envejecen y se jubilan en los
    basureros,
los monederos del brazo de la cartera van a los
    clósets
y se comportan mansos por los hoyos del olvido.

Tus pequeños tornados se disuelven de amor
en una cordillera de pasas,
el cepillo de pelo quiere divorciarse:
no le gusta su apellido.
Tú estás casi perdiendo la cabeza,
por apostarla en juegos de azar.

Entonces llegas y tus cosas, aderezadas con salsa
    de pan,
son cosas implícitas, se suponen heridas,
tan desnudas, con el candor de una anestesia
    general,
siete pulgadas de estiletes y un par de aretes
    estirándose,
asumiendo la postura anillada de tu tos.

Las cerraduras abren las piernas
y las llaves penetrantes se sofocan
en un infinito manchado de fotografías,

extendido como una sábana sobre volcanes
        lujosos:
los volcanes lujosos no queman sábanas,
son ciegos, son murciélagos,
heridos por un frutal.

Ah, cuánto se revuelcan tus cosas con las mías.

Retrato escrito para usted

Le presento a hector, en minúscula, Señora;
él es malabarista de palabras: con capa y espada
da espaldarazos y punzadas.

Es prebiótico y semicarnívoro o semivegetariano.
Es patriota de su geografía
y devoto de su voz arrodillada ante su pecado,
se muele, se bifurca y se estruja la cara con sudor
    amarillo.

¿Acaso no le ha dicho?

Quiere peregrinar a la tierra santa de su aliento y
    disolverse en usted.

Déjeme ser preciso:
una taza de café y una cucharada de azúcar
para matar la sed mental que la metió en su taza.

Señora Minúscula,
éste es Hector en Mayúscula.

Primera impresión:
lavapenas a domicilio, torero intergaláctico,
esquivador de planetas, mecánico de cometas,
repara estrellas y sueños con anemia.

¿No le nota la timidez?

Usted es su Meca, su mayúscula,
su Jerusalén.

LOS POETAS SABEN ESCOGER LA MUERTE

Ser poeta es malo para la salud.

Se sufre de suicidio.

Se malgasta en venenos,
pastillas, ahorcados, ahogados,
venas cortadas, fusilados (pregúntenle a Miguel);
se tiran de donde sea,
hasta de unas pestañas prófugas.

Los poetas saben escoger la muerte.

El suicidio del poeta está emparejado con una
 emoción,
con un lugar y una circunstancia:

Depresión + puente + divorcio = poeta suicida a
 la 3ra potencia,
esta es la fórmula,
o se muere entretejiendo el alcohol
y meando penas en las calles.

Poe, borracho, tratando de atrapar los reflejos
y Li Po puterías de la luna sobre un lago.

Los poetas se matan más que todo el mundo:
son los desviados mentales más frecuentes en la
        población:
Sylvia Plath, el gas de la estufa definió *your path*
y resbalaste en los murmullos de tu depresión
probando el sabor de la muerte con Anne Sexton
        detrás.

Así se auto esfuman los poetas,
anclados a sus muertes profundas, ambivalentes,
        la practican,
se suben y se bajan de sus muertes
convertidores catalíticos,
cámaras de combustión,
quemando monóxido de carbono
e impurezas antes de salir por el mofle de sus
        vidas:
ya el carro no se dirige a la muerte.

Impulso desacoplado de método letal.

No juzguen la suicidalidad del poeta
saltando conclusiones como cuecas,
ábranle un hueco a la pared de su muerte en vida
y miren su mundo de locas extrañezas en
        identidad desintegrada.

Amante cruel que deja a su paso frío y nieve.
Al final no se escapa de sí misma y mata al poeta.

Desesperanza

Revolviéndose en el aire,
está la espera como una gripe.

La mirada perdida en el infinito de la puerta,
comiéndome la razón
está una nostalgia con sus alas abiertas
a tres noches de leche y pestañas.

La ilusión no entra trasnochada:
sonrisa en el lado izquierdo de la boca
engreda una desesperación azulada.

Olas expectantes
desvanecidas en las arenas del desdén,
de un "Te quiero ver", de un "Te extraño",
revolviéndose en los giros de vidrio sin entrar,
amarrado al mástil de las tres noches,
sin cera en los oídos,
escuchando el canto de la Circe gritándome
     "¡Ulises!",
girando con la puerta el desprecio a la deriva,
sin timón, ignora la canción de la sirena,
insisto que verte me agota, disuelto en humo.

Me marcho.

Con el ADN de tus sueños,
medito como un huracán amarrado al viento
y las olas atadas a la arena.

Me arropo con el fuego, con el humo redondo de
    la puerta.

CEPILLO

Variación del paradigma,
nivel de indirección,
derivado ejemplar,
diseño biológico,
aparición latente,
nuestro linaje evolutivo está marcado por el
      dominio de la transformación.

Tu pelo y el mío enredados en un cepillo.

La complejidad universal alumbra su sombra en
      una piedra,
se recoge en un volcán de puntos,
pasando como luz solar a través de la intranquila
      ventana,
y llena los ruidos,
ocupa los refugios del apresuramiento encontrado
      al despertar.

Santuario donde el arte se toma pastillas
      recetadas,
luz y silencio dibujados en energía creativa de
      hielo,
de miel, fertilizante en la cabeza.

Tú y yo en un simple cepillo.

Diálogo con la consciencia

Desconocimiento total su llegada,
a pasito lento, sin materialidad en el espacio físico
y simulación apropiada de escala en la matriz
        incognoscible;
efusiva epistemológica
moviéndote entres dudas, ignorancia y verdad
creando vacíos y llenando hoyos.

Historia tortuosa del ser, o tal vez de su
        apariencia,
ilumina la pluralidad y el diario hacer y deshacer
        de las formas:
te comes las sensaciones, la totalidad de la
        confianza juvenil
y la incapacidad sempiterna sorpresiva,
extraña, hasta tu dejar de ser neurológico.

Visible e invisible cuando hace y deshace el
        tiempo,
enamorando el etnocidio de incertidumbres,
mientras mira de reojo la disfuncionalidad
        cognitiva
de certezas universales.

¿Puedes reconocer lo que no sabes?
¿Te aterroriza estar suspendida en el aire?
¡Que frágil eres princesa mudable!

Localización desconocida dentro y fuera del
	cerebro.

Desvanecida en la geografía, perceptiva de
	suposiciones,
alucinas los matices sociales desde tu
	configuración
y puntos de vista.

Giras, justificas una realidad tan efímera
como el helado que se derrite en tu ser, en tu
	estar:

*Quisiera conocerte, cosmonauta viral, para jugar con lo que
	sé y no sé.*

Mensaje borrado...

Un discurso de luz para las sombras

Alumbro mi sombra
para verla mejor con sus comportamientos
       disgénicos,
manifestación fenotípica
de cómo piensa en la luz
poco ortodoxa y a modo mercurial.

Arquitectura asimétrica
en el ecosistema mediático del piso y las cosas;
paisaje mental.

Jefe catalizador, causa, contribuyente
y resultado de la reflexión te borra, horizontal
solitaria, entreteniendo la contradicción de dos
       pensamientos
sin rechazo alguno.

Así te pinta, coge una brocha y date existencia:

Ten coraje,
vuela
nada,
baila
en un hilo
azul,
rojo,
amarillo.

Crea tu existencia.

Tú, consciencia,
coloréate
y sal de la negrura que te abarca,
medida probabilística de infrecuencias.

Celebra, baila la cuantificación de tu
        incertidumbre,
incomprendida y escéptica
de si hay utilidad pensando repetitivamente
en el axioma de saber lo que no se sabe
y que te pasas cuando te alumbras.

¿Acaso no dejas de saber lo que no sabes cuando
        lo sabes?

RITUAL DE AVESTRUCES

Ignorancia deliberada, instrucción del avestruz,
evitación consciente, omisión estudiada:
nos bastarán para que flotemos
de forma experimental, con optimismo,
en el despeñadero.

PINCEL

En los destellos de tus sonrisas mi amor se alarga.

En mis poemas se unen todas tus hermosuras.

Navegas de la cabeza a mis pies
en un crucero de luz, pero escondida no te dejas
       ver;
de un momento a otro te reflejas
y atrapo entre mis dedos la sombra que haces
para convertirte en mis palabras.

A pinceladas feroces dibujo oraciones sin sujetos,
solo con predicados.

Te convierto en obra
          que nadie quiere publicar.

YO LO ARREGLO

¿Qué deseas?
¿Reducirnos a la minimalista expresión
    almacenada en un gene?
¿Al silencio atrapado en el gemido del rayo láser?
¿Aquel rayo que saltó de mi boca y rompió una
    palomita de maíz,
como si fuera sábana?
¿Aquel que sacó las manos por un mojito y abrió
    su cara?

¿Qué quieres?
¿Sentarnos a calentar un reloj muerto de sed?

Vuelan fotografías en blanco y negro,
encogen toda su gravitación en el agujero de una
    aguja
y ocurre el exterminio de una especie biológica
dentro de la fractura labial…
Los sábados, apilados uno encima del otro sin
    mascarillas,
bostezan sacarina de canciones con esterilidad
de mula en los medios de comunicación,
desgastante de salud mental,
meteoro deconstructivo ensaliva
    comportamientos,
luminaria de pan y salchicha.

¡Nada!

"Parece que no encontramos lo que buscamos",
dijiste en Bluetooth
y en AirDrop te murmuré:

"Yo lo arreglo".

Aquí no hay nada

Parece que no puedo encontrar lo que busco.
Quizás la espera pueda ayudar…
¿Búsqueda?
Utilizo cookies en mi corazón
para brindarle la mejor experiencia
al recordar sus preferencias y repetir visitas.

Pero uso un sistema operativo obsoleto
y no puedo actualizarlo.
Al hacer clic en "Aceptar todo"
y dar su permiso
para el uso de TODAS mis cookies,
aún puede disfrutar de un viaje en el sitio web.

Sin embargo, si visita mi "Configuración de
    cookies",
puedo proporcionarle un consentimiento
    controlado.

¿No es eso lo que estás buscando de polo a polo?
Presione: "Configuración de cookies"
    o "Aceptar todo"
para ver si podemos cargar.

MI EXILIO

Desterrado a un punto y aparte,
revolcándome en un lodazal de páginas web,
el tiempo se encoge a la velocidad
que despedaza mi espacio en gotas de salmuera;
me como un yogurt y saboreo los microchips;
mi ADN tiene prisa de cualquier evento,
sentimiento o cavilación, no para de hablar,
sino para escuchar las semillas crecer en la
        creación virtual
que agranda mi cabeza
y tiende cables de fibra óptica,
mientras la sonrisa de un niño ocupa todo un
        horizonte,
en un helado de vainilla, al viajar en primera clase.

La pastilla contra el colesterol
parece una novia de pueblo sobre marea:
junto a un mouse de computadora y un cassette,
bachatean su olvido.

El Internet me afianza un bostezo de tornasol
y me baño con la tinta del punto G.

Entro a mis textos,
envío comentarios traducidos al espasmo de una
        búsqueda.

Se enfrían los pies sin disfrutar la historia
en la actividad y creación de la mente:
 quita su envoltura, momia al desnudo.

¿QUIÉN ERES TÚ, MURIÉNDOME?

Eco localizando para identificar su forma y
      rotación
en el fondo oscuro de mi iPhone,
me arrojo de pie alrededor de la pantalla de
      WhatsApp
como murciélagos en órbita
que envía sonidos agudos en Instagram,
ondas tras ondas que saltan hacia mí en diferentes
      intervalos.

Así aprendo, escaneo geometría mientras gozo
      textura
y dibujo movimientos para conocer el mundo
      tridimensional
de mi amenaza existencial,
poniéndome en riesgo de extinción, modelo
      copernicano,
cálculos de probabilidad bayesiana que tejen un
      patrón acústico.

Desarrollar una nueva capacidad de detección
para mapear la postura geográfica de todas las
      partes de su cuerpo.

Obtener datos sobre una flexibilidad ambiental
marcada en involuciones emocionales,

sonidos de chasquidos en la boca que rompen la
        penumbra
para hallar su imagen bidimensional.

¿La extinción de especies me varía en el tiempo?
Geolocalización sintética que señala un final
        dentro de un comienzo.

GPS triangulando su forma en baja frecuencia,
siento que su fuerza de microondas me destruye
        en infinitud
de franjas de universos, dando los últimos ríos
y montañas respirables,
un cilindro triste, sin radios giratorios
o un corte transversal hacia la nada.

ASCENSIÓN DE UN CUENTO DE HADAS

Me siento más negro
frente a las narraciones blancas de mis
        antepasados
presos de su época.

Me siento más blanco en la espesura de sus
        miradas,
tejidas en cañaverales.

Me siento mucho más negro
cuando llenan la obscuridad de bailes y tambores.

Me siento mucho más blanco consumiéndome en
        la leche cortada,
entre los mareos, vómito y sal destinada a cientos
        de años
bajo futuros deformes.

Siento el negro tuyo, Manuela sin apellido,
Manuela desnombrada, sola tal vez,
arando tu adolescencia con ritos africanos y
        católicos
en espera de la violación del látigo blanco
y parir un mulato para la ascensión de un cuento
        de hadas
dirigido a los adultos mentales imberbes.

Siento tu blanco, Manuel esclavero,
pezuñas violando a la Manuela noche.

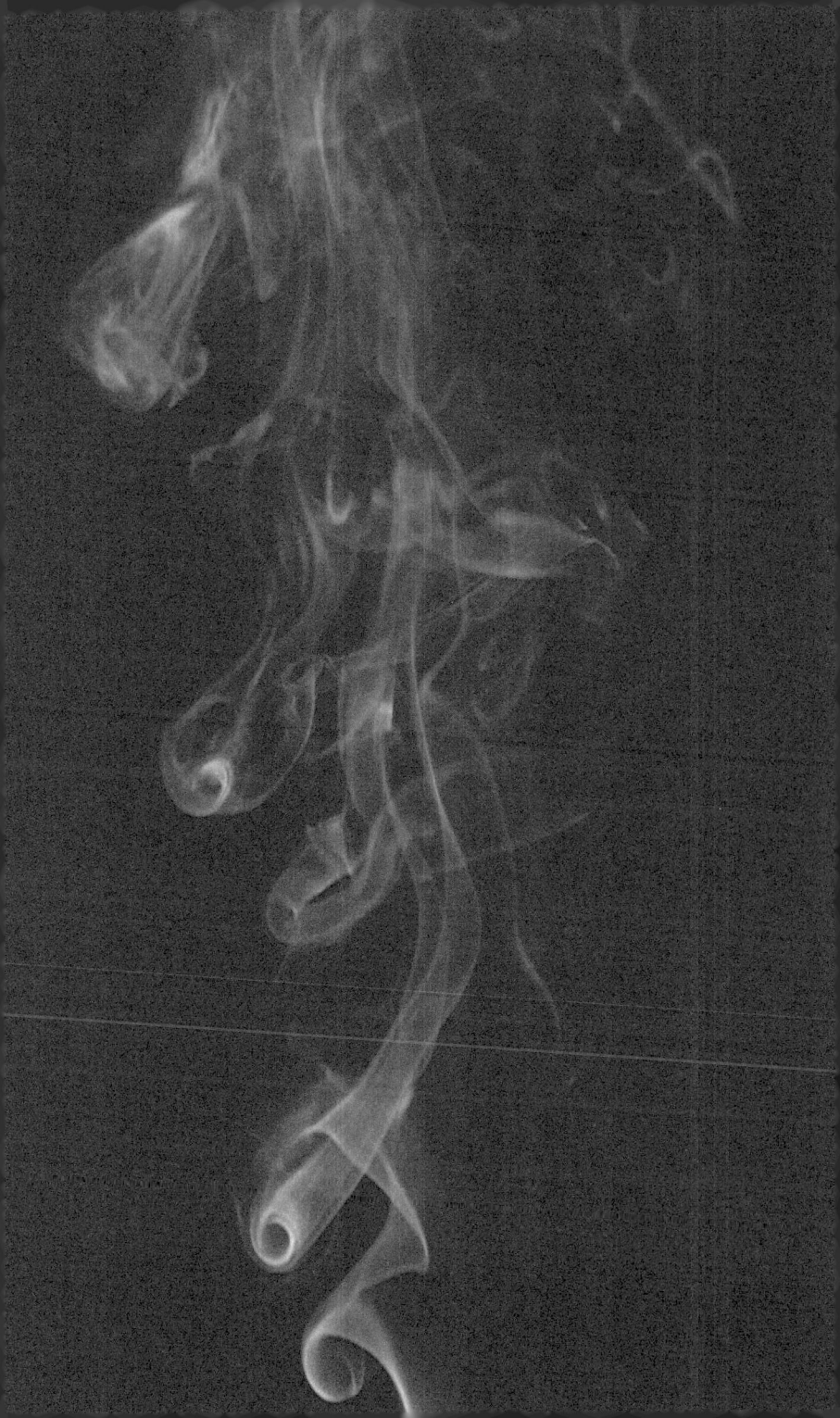

ACERCA DEL AUTOR

Hector Geager es escritor y profesor de Educación y Liderazgo. Ha ayudado a organizaciones a desarrollar e implementar sistemas internos de rendición de cuentas, implementar y gestionar el cambio en las organizaciones y establecer equipos de alto rendimiento a nivel empresarial. Formador de numerosos profesionales que construyen grandes equipos de negocios, al comprender cómo darse cuenta del papel del trabajo en equipo y la colaboración para lograr un alto rendimiento del personal a nivel organizacional. Algunos de sus premios y reconocimientos son: el Intelectual Fulbright 2009, el Premio SIMA Global Ambassadors Humanitarian action Award 2021, el Premio SIMA Global Leader of Year 2022, el The President of the United States' Life Time Achievement Award 2022 y el Doctorado Honoris y Causa, Madrid, España 2022. Es autor de los libros de poesía *El Subway*, *30 poemas y una bachata* y *September Blue Jays*, su último título, publicado por Nueva York Poetry Press en 2022.

ÍNDICE

Como la muerte de una vela

¿Cómo se adora? · 11

Embarazo · 12

Desolación de dos camas · 13

Para saber la soledad del cuchillo · 14

Efecto de los ojos en primavera · 16

Como la muerte de una vela · 17

Universo de labios · 18

La Diosa de Yaritagua · 20

Insomnio · 21

Tiempo como actor de cine · 22

Corredores de estrellas · 23

Historia de las cosas · 24

Declaración de libertad · 26

La gris jodienda · 28

Banco solitario · 30

Un hoyo en el río, una anciana · 32

Superhéroes · 34

Meditación conceptual · 36

Sol entero · 38

El viaje · 39

Tiempo para Marilyn · 41

Despertar · 43

Discurso para un tren desdibujado · 44

Un universo en una sola palabra · 45

Desayuno en silencio · 46

El sino de las cosas · 47

Retrato escrito para usted · 49

Los poetas saben escoger la muerte · 51

Desesperanza · 53

Cepillo · 55

Diálogo con la consciencia · 56

Un discurso de luz para las sombras · 58

Ritual de avestruces · 60

Pincel · 61

Yo lo arreglo · 62

Aquí no hay nada · 64

Mi exilio · 65

¿Quién eres tú, muriéndome? · 67

Ascensión de un cuento de hadas · 69

Acerca del autor · 75

Colección
MUSEO SALVAJE
Poesía latinoamericana
(Homenaje a Olga Orozco)

1
La imperfección del deseo
Adrián Cadavid (Colombia)

2
La sal de la locura / Le Sel de la folie
Fredy Yezzed (Colombia)

3
El idioma de los parques / The Language of the Parks
Marisa Russo

4
Los días de Ellwood
Manuel Adrián López (Cuba)

5
Los dictados del mar
William Velásquez Vásquez (Costa Rica)

6
Paisaje nihilista
Susan Campos Fonseca (Costa Rica)

7
La doncella sin manos
Magdalena Camargo Lemieszek (Panamá)

8
Disidencia
Katherine Medina Rondón (Perú)

9
Danza de cuatro brazos
Silvia Siller (México)

10
Carta de las mujeres de este país /
Letter from the Women of this Country
Fredy Yezzed (Colombia)

11
El año de la necesidad
Juan Carlos Olivas (Costa Rica)

12
El país de las palabras rotas / The Land of Broken Words
Juan Esteban Londoño (Colombia)

13
Versos vagabundos
Milton Fernández (Uruguay)

14
Cerrar una ciudad
Santiago Grijalva (Ecuador)

15
El rumor de las cosas
Linda Morales Caballero (Perú)

16
La canción que me salva / The Song that Saves Me
Sergio Geese (Argentina)

17
El nombre del alba
Juan Suárez (Ecuado

18
Tarde en Manhattan
Karla Coreas (El Salvador)

19
Un cuerpo negro / A Black Body
Lubi Prates (Brasil)

20
Sin lengua y otras imposibilidades dramáticas
Ely Rosa Zamora (Venezuela)

21
El diario inédito del filósofo vienés Ludwig Wittgenstein /
Le Journal Inédit Du Philosophe Viennois Ludwig Wittgenstein
Fredy Yezzed (Colombia)

22
El rastro de la grulla / The Crane's Trail
Monthia Sancho (Costa Rica)

23
Un árbol cruza la ciudad / A Tree Crossing The City
Miguel Ángel Zapata (Perú)

24
Las semillas del Muntú
Ashanti Dinah (Colombia)

25
Paracaidistas de Checoslovaquia
Eduardo Bechara Navratilova (Colombia)

26
Este permanecer en la tierra
Angélica Hoyos Guzmán (Colombia

27
Tocadiscos
William Velásquez (Costa Rica)

28
*De cómo las aves pronuncian su dalia frente al cardo /
How the Birds Pronounce Their Dahlia Facing the Thistle*
Francisco Trejo (México)

29
El escondite de los plagios / The Hideaway of Plagiarism
Luis Alberto Ambroggio (Argentina)

30
*Quiero morir en la belleza de un lirio /
I Want to Die of the Beauty of a Lily*
Francisco de Asís Fernández (Nicaragua)

31
La muerte tiene los días contados
Mario Meléndez (Chile)

32
Sueño del insomnio / Dream of Insomnia
Isaac Goldemberg (Perú)

33
La tempestad / The tempest
Francisco de Asís Fernández (Nicaragua)

34
Fiebre
Amarú Vanegas (Venezuela)

35
*63 poemas de amor a mi Simonetta Vespucci /
63 Love Poems to My Simonetta Vespucci*
Francisco de Asís Fernández (Nicaragua)

36
Es polvo, es sombra, es nada
Mía Gallegos (Costa Rica)

37
Luminiscencia
Sebastián Miranda Brenes (Costa Rica)

38
Un animal el viento
William Velásquez (Costa Rica)

39
Historias del cielo/Heaven Stories
María Rosa Lojo (Argentina)

40
Pájaro mudo
Gustavo Arroyo (Costa Rica)

41
Conversación con Dylan Thomas
Waldo Leyva (Cuba)

42
Ciudad Gótica
Sean Salas (Costa Rica)

43
Salvo la sombra
Sofía Castillón (Argentina)

44
Prometeo encadenado / Prometheus Bound
Miguel Falquez Certain (Colombia)

45
Fosario
Carlos Villalobos (Costa Rica)

46
Theresia
Odeth Osorio Orduña (México)

47
El cielo de la granja de sueños / Heaven's Garden of Dreams
Francisco de Asís Fernández (Nicaragua)

48
hombre de américa / man of the americas
Gustavo Gac-Artigas (Chile)

49
Reino de palabras / Kingdom of Words
Gloria Gabuardi (Nicaragua)

50
Almas que buscan cuerpo
María Palitachi (República Dominicana)

51
Argolis
Roger Santivañez (Perú)

52
Como la muerte de una vela
Héctor Geager (República Domincana)

53
El canto de los pájaros / Birdsong
Francisco de Asís Fernández (Nicaragua)

54
El jardinero efímero
Pedro López Adorno (Puerto Rico)

55
Efectos colaterales / Side Effects
Rafael Courtoise (Uruguay)

56
Materia salvaje
Ernesto Carrión (Ecuador)

57
Tazón de polvo
Alfredo Trejos (Costa Rica)

58
Fiesta porteña
Sofía Castillón (Argentina)

INTO MY GARDEN
Collection
English Poetry
Homage to Emily Dickinson

1
September Blue Jays
Hector Geager

POETRY
COLLECTIONS

ADJOINING WALL
PARED CONTIGUA
Spaniard Poetry
Homage to María Victoria Atencia (Spain)

BARRACKS
CUARTEL
Poetry Awards
Homage to Clemencia Tariffa (Colombia)

CROSSING WATERS
CRUZANDO EL AGUA
Poetry in Translation (English to Spanish)
Homenage to Sylvia Plath (United States)

DREAM EVE
VÍSPERA DEL SUEÑO
Hispanic American Poetry in USA
Homage to Aida Cartagena Portalatin (Dominican Republic)

FIRE'S JOURNEY
TRÁNSITO DE FUEGO
Central American and Mexican Poetry
Homage to Eunice Odio (Costa Rica)

INTO MY GARDEN
English Poetry
Homage to Emily Dickinson (United States)

I SURVIVE
SOBREVIVO
Social Poetry
Homage to Claribel Alegría (Nicaragua)

LIPS ON FIRE
LABIOS EN LLAMAS
Opera Prima
Homage to Lydia Dávila (Ecuador)

LIVE FIRE
VIVO FUEGO
Essencial Ibero American Poetry
Homage to Concha Urquiza (Mexico)

FEVERISH MEMORY
MEMORIA DE LA FIEBRE
Feminist Poetry
Homage to Carilda Oliver Labra (Cuba)

REVERSE KINGDOM
REINO DEL REVÉS
Children's Poetry
Homage to María Elena Walsh (Argentina)

TWENTY FURROWS
VEINTE SURCOS
Collective Works
Homage to Julia de Burgos (Puerto Rico)

WILD MUSEUM
MUSEO SALVAJE
Latino American Poetry
Homage to Olga Orozco (Argentina)

NUEVA YORK POETRY PRESS
INTERNACIONAL POETRY AWARD COLLECTION
COLECCIÓN PREMIO INTERNACIONAL DE POESÍA
NUEVA YORK POETRY PRESS

1
Idolatría del huésped / Idolatry of the Guest
César Cabello (Chile)

2
Postales en braille / Postcards in Braille
Sergio Pérez Torres (México)

3
Isla del Gallo
Juan Ignacio Chávez (Perú)

4
Sol por un rato
Yanina Audisio (Argentina)

5
Venado tuerto
Ernesto González Barnert (Chile)

6
La marcha de las hormigas
Luis Fernando Rangel (México)

7
Mapa con niebla
Fabricio Gutiérrez (México)

8
Los Hechos
Jotaele Andrade (Argentina)

OTHER COLLECTIONS

BREAK-UP
DESARTICULACIONES
Non Fiction
Homage to Silvia Molloy (Argentina)

INCENDIARY
INCENDIARIO
Fiction
Homage to Beatriz Guido (Argentina)

MOVING
MUDANZA
Drama
Homage to Elena Garro (Mexico)

KNITTING THE ROUND
TEJER LA RONDA
Children's Literature
Homage to Gabriela Mistral (Chile)

SOUTH
SUR
Essay
Homage to Victoria Ocampo (Argentina)

Para los que piensan, como Olga Orozco, que "esto [es] una gran parte de lo que yo llamaba mi naturaleza interior", este libro se terminó de imprimir en mayo de 2023, en los Estados Unidos de América.